ÉTUDE

SUR LE

RÉGIME DISCIPLINAIRE

EN ALGÉRIE

LES RÉPRESSIONS MILITAIRES, LES COMMISSIONS DISCIPLINAIRES

ET L'INDIGÉNAT

PAR

JULIEN DE LASALLE

Rédacteur au Ministère de la Justice.

(EXTRAIT du *Bulletin de la Société de Législation comparée.*)

PARIS

LIBRAIRIE COTILLON

F. PICHON, SUCCESSEUR, ÉDITEUR

Libraire du Conseil d'État et de la Société de Législation comparée

24, rue Soufflot, 24

1889

ÉTUDE

SUR LE

RÉGIME DISCIPLINAIRE

EN ALGÉRIE

LES RÉPRESSIONS MILITAIRES, LES COMMISSIONS DISCIPLINAIRES ET L'INDIGÉNAT

PAR

JULIEN DE LASALLE

Rédacteur au Ministère de la justice.

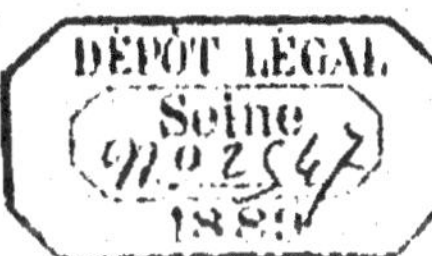

(EXTRAIT du *Bulletin de la Société de Législation comparée.*)

PARIS

LIBRAIRIE COTILLON

F. PICHON, SUCCESSEUR, ÉDITEUR

Librairie du Conseil d'État et de la Société de Législation comparée

24, rue Soufflot, 24

1889

ÉTUDE

SUR LE

RÉGIME DISCIPLINAIRE

EN ALGÉRIE

La loi du 27 juin 1888 a prorogé pour une période de deux ans les pouvoirs disciplinaires conférés en matière d'indigénat, aux administrateurs des communes mixtes de l'Algérie. La question du régime pénal à appliquer aux indigènes ne tardera donc pas à se poser de nouveau devant l'opinion publique. Il nous a paru utile de rappeler ici l'origine et les caractères généraux du régime disciplinaire dans la colonie, et d'en faire connaître le fonctionnement. Nous remonterons à l'origine de l'institution, et nous nous proposons, à l'aide des divers documents réglementaires, d'en bien préciser la nature et la légitimité. Nous indiquerons, en même temps, les critiques auxquelles a donné lieu ce système de répression, et les améliorations dont il serait susceptible.

Cette étude, nous nous hâtons de le dire, n'est pas nouvelle. La question du régime disciplinaire dans notre grande colonie africaine a été traitée de la manière la plus complète par des hommes très compétents, et nous nous faisons un devoir de signaler le remarquable travail qui a été publié, en 1885, dans la *Revue Algérienne et Tunisienne de législation et de jurisprudence*, par M. Rinn, conseiller de gouvernement à Alger.

M. Rinn, qui est en Algérie depuis de longues années, a vu de

près les hommes et les choses de ce pays ; il a été très à même
d'apprécier les avantages que présente ce système particulier de
répression administrative et son ouvrage renferme des observations
d'une grande valeur.

Un magistrat distingué de la Cour d'appel d'Alger, M. le conseiller Bourrouillon, a également fait paraître sur cette matière, dans
le nouveau répertoire du *Journal du Palais*, un examen doctrinal
très savant.

Répressions militaires. — Dans les premiers temps de la con-
quête les mesures coercitives que nécessitait le besoin de faire
sentir notre autorité ne furent l'objet d'aucune réglementation bien
précise. Elles n'étaient qu'une manifestation des attributions du
commandement dans un pays occupé militairement, et le général
en chef devait en faire usage d'une façon énergique, sans tenir
compte de notre législation métropolitaine. C'est en 1834 que prit
fin la période d'occupation et que parut la première ordonnance
royale instituant un gouverneur général de l'Algérie aux lieu et
place d'un commandant en chef (1). Le gouvernement était investi
des pouvoirs qui se référaient au commandement général et à la
haute administration du territoire. Il pouvait même, « dans les
cas extraordinaires et urgents, provisoirement et par voie d'arrêtés,
rendre exécutoires les projets d'ordonnance par lui préparés. »
(Art. 5 de l'ordonnance précitée).

Cette ordonnance fut suivie d'un règlement ministériel du 1er septembre 1834 qui définissait dans l'article 15 les attributions du
gouverneur et déterminait spécialement ses pouvoirs de haute
police.

Cet article 15 est ainsi conçu :

« Le gouverneur général est chargé de la haute police sous le
« double rapport de la tranquillité publique et de la sûreté du
« dehors. Dans les circonstances graves et lorsque le bon ordre ou
« la sécurité du pays le commandent, il peut prendre à l'égard des
« individus qui compromettent ou troublent la tranquillité publique,
« les mesures ci-après, savoir : l'exclusion pure et simple d'une ou de
« plusieurs des localités comprises dans son gouvernement, l'exclu-
« sion à temps ou limitée des possessions françaises du nord de
« l'Afrique ; il peut refuser, dans l'étendue de son gouvernement,

(1) Ordonnance royale du 22 juillet 1834.

— 5 —

« l'admission des individus dont la personne est jugée dange-
« reuse. »

Indépendamment de ces pouvoirs de haute administration, le
gouverneur général resta investi sur les territoires non soumis à
l'administration civile (les tribus de l'intérieur) de pouvoirs discrétionnaires qu'il exerçait, soit par lui-même, soit par ses délégués. Ces pouvoirs étaient les mêmes que ceux qui avaient été attri-
bués au général commandant en chef, dès 1831.

Bien que contraire aux principes de notre droit public, cette juridiction toute spéciale n'était pas en opposition avec les mœurs des
indigènes. En effet, ainsi que l'explique M. Rinn, dans la société
musulmane, le chef, kalife, sultan, empereur, roi ou dey, réunit
dans sa main tous les pouvoirs religieux, législatifs, politiques,
administratifs, judiciaires, civils et militaires. « En toutes choses,
et d'une façon absolue, il est le juge sans appel, l'autorité, le
hakem (1). » En Algérie, avant que la France en prit possession,
le dey, ou ses lieutenants les beys, abandonnaient bien aux cadis
la connaissance des causes religieuses, civiles, commerciales ou
criminelles, mais tous les crimes ou délits intéressant la politique, la sûreté générale ou l'ordre public restaient soumis à leur
examen. De là, une distinction qui s'était établie entre ces deux
sortes de juridiction, et que l'usage avait consacrée en appelant la
juridiction du dey ou de ses lieutenants, le *hokm-el-maghzen*
(l'autorité gouvernementale), et celle des cadis, le *hokm-ech-chéra*
(l'autorité judiciaire). Les attributions conférées au gouvernement
général n'étaient donc aux yeux des indigènes que l'application du
hokm-el-maghzen ; aussi ne songèrent-ils pas à en contester la légitimité.

La nouvelle organisation administrative créée par l'ordonnance
de 1834 ne fut pas encore appliquée à toute l'Algérie : elle fut
nécessairement limitée aux territoires où la pacification était assez
complète pour lui permettre de fonctionner. Les régions qui étaient
encore le théâtre d'opérations militaires restèrent soumises aux
pouvoirs de commandement conférés aux chefs de détachement.
Mais, nous le répétons, ce système de répression ne fut mis en
vigueur que pour les crimes et délits intéressant la politique ou la
sûreté générale. La connaissance des affaires criminelles ne con-
cernant que les indigènes avait été maintenue aux cadis, et ce fut

(1) *Revue algérienne et tunisienne* 1885, p. 53.

seulement en 1842 que l'ordonnance royale du 26 septembre enleva aux magistrats musulmans la juridiction criminelle et soumit sur ce point les indigènes à la justice française.

A cette époque, le territoire civilement administré ne comprenait que les tribunaux d'Alger, de Bône, d'Oran et de Philippeville. En dehors de ces tribunaux les crimes et délits étaient jugés par les conseils de guerre, mais l'action effective de ces juridictions se trouva souvent entravée par le mauvais vouloir des indigènes dont il était impossible d'obtenir les témoignages nécessaires aux informations judiciaires. Aussi l'autorité militaire dut suppléer à cette insuffisance par un système de répression administrative qu'elle fit sortir de ses attributions discrétionnaires. Les commandants de détachements furent investis d'une portion des pouvoirs conférés au général en chef, et à défaut d'un texte précis réglementant ces répressions anormales, la pratique créa rapidement une sorte de jurisprudence qui admit l'application de certaines mesures coercitives.

Ces mesures étaient :

1° Les amendes individuelles, prison, internement en Algérie et en France ;

2° Amendes collectives et responsabilités des tribus ;

3° Expulsions ;

4° Séquestres (1).

Mais, à mesure que l'organisation administrative s'étendait sur les territoires où la pacification était assez complète, le pouvoir réglementaire du gouverneur général devait intervenir sous forme d'arrêtés et non point seulement par de simples décisions de commandement.

Ainsi parurent :

1° L'arrêté du 1er décembre 1840 qui confirme et maintient le séquestre apposé sur les propriétés des indigènes, en exécution, soit des arrêtés des 8 septembre 1830, 10 juin et 11 juillet 1831, soit de tous autres cas, c'est-à-dire pour tous les actes d'hostilité contre les Français ou contre les tribus soumises à la France. Ce même arrêté détermine les effets du séquestre (2).

2° L'arrêté du 6 mars 1841, qui règle les conditions sous lesquelles la soumission des Arabes pourra être reçue. Il désigne,

(1) M. Rinn. *Op. cit.*, p. 58.
(2) *Bulletin officiel du gouvernement*, année 1840.

en outre, les points affectés à leur cantonnement, et sanctionne les infractions au dit arrêté par des pénalités variant, depuis la simple amende de 10 francs, accompagnée d'une peine corporelle infligée par le cadi, jusqu'à l'emprisonnement, les travaux forcés et même la mort prononcés par les conseils de guerre (1).

3° L'arrêté du 14 juin 1841, portant qu'aucun individu exclu du territoire de l'Algérie par mesure de haute police, ne pourra y reparaître sans l'autorisation écrite et spéciale du gouverneur général. En cas de désobéissance aux dispositions de cet arrêté, l'individu expulsé pouvait être puni d'un emprisonnement de trois mois à deux ans. La peine, en cas de récidive, devait toujours être portée au maximum (2).

Le droit général d'expulsion a disparu des attributions ordinaires du gouverneur par suite du décret du 16 décembre 1848 (art. 6). Ce droit se trouve aujourd'hui renfermé, du moins au territoire civil, dans les limites de la loi métropolitaine du 3 décembre 1849.

L'amende constituait un système de pénalité dont il fut fait une grande application aux indigènes, chaque fois qu'il s'agissait de réprimer des infractions n'intéressant pas l'exercice de notre souveraineté en Afrique. Mais des manipulations d'argent confiées à des agents indigènes donnèrent lieu à de nombreux abus auxquels le maréchal Bugeaud crut devoir mettre un terme et, dans ce but, il édicta, le 12 février, un règlement sur l'application et la répartition des amendes en pays arabe (3).

Ce règlement détermine les autorités qui peuvent seules imposer des amendes, énumère les causes pour lesquelles elles doivent être prononcées, et fixe la totalité de ces amendes. Ainsi les cheiks ne peuvent plus imposer aucune amende de leur propre autorité.

Les caïds peuvent infliger des amendes jusqu'à concurrence de 5 douros (25 francs) ;

Les aghas, 10 douros (50 francs) ;

Les khalifas, 20 douros (100 francs) ;

Les commandants français, 500 francs.

Les tribus ou fractions de tribus sont aussi passibles d'amendes qui ne peuvent être prononcées que par les commandants français.

(1) *Bulletin officiel du gouvernement*, année 1841.
(2) *Bulletin officiel du gouvernement*, année 1841.
(3) *Bulletin officiel du gouvernement*, t. IV, p. 31.

C'est là que se trouve formulé pour la première fois, le principe de la responsabilité pénale des tribus sous forme d'amendes collectives.

M. Rinn, dans son travail, fait ressortir comment, sous l'influence des idées de justice et d'humanité qui animaient les pouvoirs publics en 1848, on chercha à modifier le système des répressions militaires. L'opinion publique s'était émue du caractère arbitraire que présentaient les décisions de l'autorité militaire. Le général Charras, ministre de la guerre, adressa, le 20 novembre 1848, des instructions au gouverneur général, « pour donner aux punitions infligées aux indigènes, une forme qui ne heurtât pas d'une façon aussi brutale les grands principes de notre droit national. »

Une décision ministérielle du 25 février 1855, limita d'une façon formelle les pouvoirs du gouverneur et des commandants de division. Aux termes de cette décision, les droits des généraux commandants les divisions, en matière d'incarcération, étaient réduits à six mois, et ceux du gouverneur général à un an. Lorsque la peine excédait un an de prison, l'autorisation du ministre de la guerre devenait nécessaire.

En ce qui concernait la répression des crimes et délits ordinaires, aucun arrêté ne formulait une règle précise fixant l'étendue des attributions respectives des conseils de guerre et de l'autorité administrative. L'action de la justice devant les conseils de guerre était souvent entravée par les mauvaises dispositions des indigènes; aussi, pour remédier au fâcheux effet produit par les nombreux acquittements prononcés par ces juridictions, une circulaire du gouverneur général du 2 juillet 1855, prescrivait de ne déférer aux conseils de guerre que les affaires dans lesquelles la condamnation paraissait assurée. Dans le cas où l'insuffisance des preuves pouvait faire craindre l'impunité du coupable, on devait user de la répression administrative, si la culpabilité du délinquant était moralement établie. Une décision du ministre de la guerre du 4 mars 1858, spécifia que les prisonniers politiques devaient seuls être réservés à la répression administrative.

Commissions disciplinaires. — Le système des répressions militaires finit en 1858. A cette époque s'ouvre une ère nouvelle, celle des commissions disciplinaires dont le fonctionnement existe encore en territoire militaire.

Cette institution prit naissance après la création du ministère de l'Algérie; elle avait surtout pour but d'obvier aux abus auxquels avaient donné lieu les répressions militaires. L'arrêté qui inaugura ce système porte la date du 21 septembre 1858. En vertu de cet arrêté une commission disciplinaire était instituée à Alger près du commandant supérieur, et dans chaque chef-lieu de division et de subdivision. Elle se composait à Alger : du commandant supérieur, président; du chef du parquet de la Cour d'appel, du commandant de l'artillerie et du commandant du génie.

Dans les chefs-lieux de division : du commandant de la division, président; du chef du parquet du tribunal, du commandant de l'artillerie et du commandant du génie.

Dans les chefs-lieux de subdivision : du commandant de la subdivision, président ; du chef du parquet du tribunal ou du juge de paix, du premier fonctionnaire de l'intendance militaire et d'un officier supérieur de la garnison.

Cet arrêté déterminait ensuite les règles de procédure et fixait la compétence. Les commissions disciplinaires connaissaient des actes d'hostilité, crimes et délits commis par des indigènes et qu'il était impossible de déférer aux tribunaux civils ou aux conseils de guerre. Les commissions disciplinaires de division pouvaient condamner à un an de détention dans un pénitentier indigène et à 1000 francs d'amende; les commissions subdivisionnaires ne pouvaient infliger que six mois de détention et 500 francs d'amende. La commission siégeant à Alger proposait au Ministre l'éloignement de l'Algérie des indigènes signalés comme dangereux pour le maintien de la domination française ou de l'ordre public et les amendes supérieures à 1000 francs.

En dehors de la juridiction des tribunaux civils, des conseils de guerre et des commissions disciplinaires, les indigènes pouvaient être punis : 1° pour contraventions de police, conformément aux règlements existants ; 2° pour fautes commises dans le service militaire ou administratif.

Dans ce dernier cas les chefs militaires pouvaient infliger :

Le commandant de cercle, quinze jours de prison militaire et 50 francs d'amende.

Le commandant de la subdivision, un mois de prison militaire et 60 francs d'amende.

Le commandant de la division, deux mois de prison militaire et 100 francs d'amende.

Une circulaire du 27 décembre 1858 du prince Napoléon motivée par des symptômes d'agitation qui se manifestaient à cette époque dans une grande partie de l'Algérie, autorisait les commandants de division à demander l'internement, par mesure politique, des indigènes signalés par leur opposition systématique et leurs intrigues. Le commandant supérieur des forces de terre et de mer pouvait prononcer cette peine ou faire statuer par la commission disciplinaire supérieure. Dans tous les cas, il devait être rendu compte au Ministre. Une autre circulaire du 28 décembre permettait de demander au prince l'application d'amendes collectives (1), mais cette mesure était insuffisante pour faire disparaître le fâcheux résultat de la suppression de la responsabilité des tribus. Pour donner satisfaction aux nombreuses réclamations qui se produisaient, M. de Chasseloup-Laubat qui avait remplacé le prince Napoléon au ministère de l'Algérie, adressa, le 8 mai 1859, une circulaire qui remit pleinement en vigueur le système des pénalités pécuniaires collectives.

Néanmoins, l'institution des commissions disciplinaires restait encore fort attaquée. On considérait ces commissions comme un moyen de répression inefficace. Le général commandant supérieur et les généraux de division et de subdivision en demandaient instamment l'abolition et le retour au régime des répressions militaires. L'arrêté du 5 avril 1860 introduisit une partie des réformes réclamées en supprimant les commissions de division et en créant des commissions de cercle qui avaient l'avantage de rapprocher la justice des justiciables et de rendre plus prompte et plus efficace l'action des juridictions disciplinaires. Cet arrêté apporta, en outre, quelques modifications reconnues indispensables à celui du 21 septembre 1858. La plus importante était celle par laquelle les infractions, crimes et délits, devaient, à tous les degrés, être transmises aux commandants de division, qui pouvaient, seuls, donner l'ordre de traduire les prévenus devant les conseils de guerre ou les commissions disciplinaires. Diverses améliorations ont été successivement apportées par voie de circulaires à l'institution des commissions disciplinaires. Une des plus importantes est celle du 4 janvier 1868 qui avait surtout pour objet de décentraliser en quelque sorte l'exercice du droit de poursuite disciplinaire au profit des commandants de subdivision et des commandants supérieurs de cercle, et ne maintenait l'intervention effective des commandants de division que pour les affaires les plus graves.

Après le 4 septembre 1870, le gouvernement de la Défense natio-

____

(1) M. Rinn. *Op. cit.*, p. 86.

nale étendit le territoire civil à la majeure partie de la région du Tell (1). Cette mesure, dit M. Rinn, « qui eut pour résultat de
« soustraire un grand nombre d'indigènes à l'action si salutaire
« des commissions disciplinaires, out les conséquences les plus
« fâcheuses au moment où le contre-coup des événements de
« France, et l'absence de troupes en Algérie rendaient partout,
« plus nécessaire que jamais, une répression rapide et énergique
« des désordres et des agitations qui déjà se manifestaient chez les
« indigènes. »

L'amiral de Gueydon, nommé en 1871 gouverneur général de l'Algérie, s'occupa très activement de réorganiser la répression disciplinaire dans les circonscriptions cantonales nouvellement instituées.

Ce qui frappait l'esprit de l'amiral, c'est « qu'en Algérie, ce n'est
« pas le lieu qui doit régir l'acte d'hostilité envers la France, c'est
« la qualité des délinquants. Les Français, en quelque lieu qu'ils
« résident, relèvent des juridictions de droit commun. Les indi-
« gènes non naturalisés, en quelque lieu qu'ils soient, doivent être
« soumis au régime que notre sécurité commande (2). »

L'arrêté du 26 février 1872 rétablit les commissions de cercle sous la dénomination de commissions cantonales. Ces commissions étaient composées :

1° Du chef civil ou militaire de la circonscription ;

2° Du juge de paix du canton, ou à son défaut, du juge de paix du canton voisin ou de son suppléant ;

3° Du premier adjoint civil ou militaire.

Ce même arrêté supprimait les commissions subdivisionnaires (art. 2). La commission supérieure d'Alger était maintenue.

Lorsqu'un fait passible des commissions disciplinaires avait été commis, la plainte devait être transmise par le chef de la circonscription cantonale au chef de l'arrondissement, qui, si la faute n'exigeait pas une répression supérieure à celle que pouvait prononcer la commission disciplinaire cantonale, saisissait directement cette commission. Si la gravité du fait le réclamait, il adressait ses propositions au gouverneur général qui appréciait, s'il y avait lieu, de le soumettre à la commission disciplinaire supérieure ou de le renvoyer, soit au général commandant la division territo-

(1) Décret du 24 décembre 1870.
(2) Extrait d'une dépêche adressée le 13 août 1873 par l'amiral de Gueydon au ministre de l'intérieur. (V. M. Rinn. *Op. cit.*).

riale, soit au procureur général (art. 5). Mais l'application de cette disposition se trouva paralysée par l'effet du décret du 30 avril 1872.

Le gouverneur général demandait que, pour la recherche, la constatation et la poursuite des crimes et délits commis dans l'étendue des circonscriptions cantonales, les chefs civils ou militaires de ces circonscriptions et leurs adjoints fussent chargés des fonctions d'officiers de police judiciaire, et procédassent avec les mêmes pouvoirs que les procureurs de la République et les juges d'instruction. Le décret du 30 avril ne reconnut la qualité d'officiers de police judiciaire qu'aux chefs des circonscriptions cantonales et aux commandants des brigades de gendarmerie. Les adjoints des administrateurs ne furent pas investis de ces fonctions, et les procès-verbaux dressés contre les délinquants, au lieu d'être transmis aux chefs de l'arrondissement, devaient être adressés, soit au procureur de la République, soit au général de division, selon que la faute était commise en territoire civil ou en territoire militaire. Ce décret eut pour conséquence de laisser souvent l'administration locale absolument désarmée vis-à-vis des infractions spéciales à l'indigénat.

A la suite de l'échec du système d'organisation administrative des circonscriptions cantonales, le général Chanzy se préoccupa de réorganiser à nouveau la répression des crimes et délits commis par les indigènes. Un arrêté du 14 novembre 1874, introduisit dans le fonctionnement des commissions disciplinaires les progrès qui étaient réclamés par l'expérience. Cet arrêté a eu pour objet de fondre la réglementation du 5 avril 1860 et celle du 26 février 1872, en une seule, destinée à régir désormais le territoire militaire. Il maintient sous le nom de *commission disciplinaire supérieure des indigènes non naturalisés français*, la commission siégeant à Alger, et rétablit les commissions de subdivision, ainsi que les commissions de cercle ou d'annexe. Les commissions disciplinaires connaissent des actes d'hostilité, crimes et délits commis en territoire militaire, par des indigènes de ces mêmes territoires non naturalisés français et qu'il est impossible de déférer aux tribunaux civils ou militaires (art. 13).

La commission disciplinaire supérieure propose l'éloignement de l'Algérie ou l'internement des indigènes signalés comme dangereux pour le maintien de la domination française ou de l'ordre public, et les peines supérieures à celles spécifiées à l'article 16. Le maximum des peines déterminé par cet article, est ainsi fixé :

Pour les commissions de subdivision, un an de prison et 100 francs d'amende.

Pour les commissions du cercle ou d'annexe, deux mois de prison et 20 francs d'amende.

Le prévenu doit comparaître en personne devant les commissions disciplinaires; il a le droit de se faire assister d'un défenseur et peut être autorisé à faire entendre des témoins (art. 19).

En dehors de la juridiction des tribunaux ordinaires, des conseils de guerre, et des commissions disciplinaires, les indigènes non naturalisés français et résidant sur les territoires militaires, peuvent être punis directement par les commandants militaires ou leurs délégués :

1° Pour contraventions de police, conformément aux règlements existants;

2° Pour fautes commises dans le service militaire ou administratif;

3° Pour des méfaits ou délits dont l'importance ne dépasse pas une valeur de 50 francs (art. 25).

Dans ces cas, le commandant de la division peut infliger deux mois de prison et 300 francs d'amende ; le commandant de la subdivision, un mois de prison et 100 francs d'amende; le commandant de cercle ou d'annexe, quinze jours de prison et 50 francs d'amende.

Le commandant supérieur ou chef d'annexe peut déléguer aux officiers de son bureau arabe et aux chefs de poste avancé le droit de prononcer des punitions dans la limite de huit jours de prison et 30 francs d'amende (art. 26).

Cet arrêté du 14 novembre 1874 dont nous avons exposé, aussi succinctement que possible les principales dispositions, fonctionne encore aujourd'hui dans les territoires soumis au commandement militaire.

En fait, la commission supérieure instituée à Alger n'est jamais convoquée et, dans les cas graves qui peuvent se présenter, le gouverneur général se borne à prendre l'avis du conseil du gouvernement investi d'une compétence consultative qui peut s'étendre à toutes les matières de l'administration.

Ainsi, c'est le gouverneur général qui statue en dernière analyse. A lui seul, rigoureusement, appartient le pouvoir de décision, la juridiction proprement dite, et ses décisions sont sans appel.

Les condamnations prononcées par l'autorité disciplinaire constituent, d'ailleurs, des mesures d'ordre gouvernemental, plutôt que des décisions contentieuses ou judiciaires, et n'ouvrent aucun recours soit devant la Cour de cassation, soit devant le Conseil d'État.

Les décrets du 26 août 1881, dits de rattachement, qui ont placé les divers services de l'Algérie sous l'autorité directe des ministres compétents, ont attribué au ministère de l'intérieur le service disciplinaire qui est compris dans celui de la police générale; mais, en même temps, la direction effective de ce service a été restituée au gouverneur par une délégation au nom du chef de ce département.

C'est donc dans la personne du ministre de l'intérieur que réside aujourd'hui le principe de l'autorité disciplinaire; le gouverneur général ne l'exerce que par délégation.

Dans l'organisation actuelle, ce haut fonctionnaire doit rendre compte de ses actes aux ministres compétents, qui peuvent, selon les cas, les annuler ou les réformer. Il semble, dès lors, qu'en matière disciplinaire, un recours soit ouvert devant le ministre de l'intérieur, mais, l'autorité dont le gouverneur général est investi n'a plus son principe dans une attribution attachée à ses fonctions, elle n'est qu'une délégation du pouvoir ministériel. Il en résulte, ainsi que le fait judicieusement remarquer M. Bourrouillou (1), que c'est le même pouvoir qui statue dans les deux cas, et que la décision du ministre ne constitue pas une décision d'appel, ou du deuxième degré de juridiction.

Le recours au ministre de l'intérieur n'a donc qu'un caractère d'ordre administratif et hiérarchique; ce n'est pas l'appel contentieux proprement dit.

L'institution des commissions disciplinaires a rendu de grands services à l'administration et a contribué pour une large part, à la sécurité des régions où elle a été appliquée. On pourrait, cependant, en faire l'objet d'une réglementation nouvelle, et lui donner une base légale en faisant rendre en Conseil d'État un décret qui serait substitué à l'arrêté du 14 novembre 1874. On examinerait, en même temps, s'il ne conviendrait pas d'introduire certaines réformes reconnues nécessaires, indiquer notamment, ainsi que cela existe pour les territoires civils, depuis le Code de l'indigénat, une qualification précise des faits punissables, délimiter d'une façon catégorique les attributions des conseils de guerre et des juri-

---

1) M. Bourrouillou. *Op. cit.*

dictions disciplinaires, et consacrer un recours par voie d'appel contre les décisions de ces juridictions.

Régime spécial de l'indigénat. — Le décret du 29 août 1874 sur l'organisation de la justice en Kabylie a établi le principe d'une distinction entre les crimes et délits commis en territoire militaire et ceux commis en territoire civil. Aux termes de l'article 16 de ce décret, en dehors du territoire civil, les musulmans non naturalisés relèvent de la juridiction criminelle des conseils de guerre et restent soumis à l'action répressive des commissions disciplinaires et de l'autorité militaire. Au contraire, dans les régions sur lesquelles s'étend l'administration civile, les indigènes peuvent, en vertu de l'article 17, être poursuivis et condamnés aux peines de simple police fixées par les articles 464, 465 et 466 du Code pénal, pour infractions spéciales à l'indigénat non prévues par la loi française, mais déterminées dans des arrêtés préfectoraux. La peine de l'amende et celle de l'emprisonnement peuvent être cumulées et s'élever au double en cas de récidive.

Les dispositions de l'article 17 du décret du 29 août 1874 ont été rendues applicables à tous les territoires civils de l'Algérie par le décret du 11 septembre de la même année. C'est ce décret qui a donné aux préfets la faculté de créer des infractions spéciales à l'indigénat.

L'indigénat est un code de police indigène comprenant les faits qui, délictueux en Algérie ne le sont pas en France, et ceux qui, eu égard aux lieux, acquièrent dans la colonie un degré de gravité qu'ils n'ont pas dans la métropole. Les contraventions à l'indigénat étaient spécifiées dans des arrêtés pris par les préfets et pouvaient différer d'un département à l'autre (1). A la suite d'une circulaire du gouverneur général en date du 12 septembre 1882. les trois préfets de notre colonie africaine ont rapporté leurs anciens arrêtés et adopté des dispositions identiques. L'arrêté qui était en vigueur avant la promulgation de la loi du 27 juin 1888 comprenait 41 infractions (2). La loi du 27 juin 1888 en a réduit le nombre à vingt et un.

Les règles de procédure qui ont été établies pour l'indigénat

(1) Arrêté du préfet d'Alger du 9 février 1875.
  Id.   de Constantine du 11 février 1875.
  Id.   d'Oran du 30 mars 1875.
(2) Voir Sautayra, t. II. Indigénat, p. 268.

par le décret de 1874 étaient des plus simples. Les infractions étaient poursuivies devant le juge de paix du canton; l'autorité judiciaire seule était compétente pour infliger une peine en cette matière, au vu des procès-verbaux dressés par les divers fonctionnaires de l'ordre administratif ou judiciaire. Les juges de paix statuaient sans frais et sans appel.

La loi du 17 juillet 1880 et les arrêtés qui en ont été l'application, ayant étendu l'administration civile à des territoires considérables, par la création ou l'agrandissement d'un certain nombre de communes mixtes (1), il était à craindre que la répression ne fût affaiblie par cette transformation et que l'autorité des administrateurs ne fût compromise aux yeux des indigènes, s'il n'était pris des mesures transitoires. En effet, la juridiction passait de plein droit des commandants militaires aux juges de paix, mais le nombre des justices de paix étant inférieur à celui des communes mixtes, on eût été forcé de laisser impuni un grand nombre d'infractions, ou de rattacher certaines communes à un ressort voisin, en étendant, au delà de toute mesure, les circonscriptions judiciaires. On a pensé que les administrateurs, successeurs des bureaux arabes, devaient être investis d'attributions disciplinaires indispensables au maintien de leur autorité.

La loi du 28 juin 1881 leur a déféré le droit de répression dévolu aux juges de paix, en matière d'indigénat. Cette disposition a l'inconvénient de réunir dans les mêmes mains, l'administration et la justice, mais il faut remarquer qu'il en était ainsi au profit de l'autorité militaire que l'administration civile a remplacé.

Il y a donc aujourd'hui, sur les territoires civilement administrés, deux juridictions disciplinaires distinctes : celle des juges de paix pour les infractions commises dans les communes de plein exercice, et celle des administrateurs pour les infractions commises dans les communes mixtes.

Le code de l'indigénat qui a été promulgué au moment de l'annexion au territoire civil d'une grande partie du territoire mili-

---

(1) Il y a en Algérie des communes de plein exercice et des communes mixtes; les communes de plein exercice sont celles qui ont une organisation municipale semblable à celle des communes de la métropole. Les communes mixtes sont celles où l'élément indigène est dominant et où l'administration, au lieu d'être confiée à un maire élu par le conseil municipal, appartient à un agent du gouvernement, remplissant sous le nom d'administrateur les fonctions dévolues aux maires.

taire répondait à d'impérieuses nécessités politiques. Co système
de répression calqué sur celui des pouvoirs disciplinaires est un
instrument de gouvernement très efficace, dans un pays conquis,
où nous avons encore besoin d'assurer la tranquillité publique et
la sécurité générale, mais l'application de ces pouvoirs a soulevé,
à toutes les époques, et soulève encore aujourd'hui de vives pro-
testations et de nombreuses critiques. L'arbitraire que l'on redoute
n'existe pas, il est vrai, pour les indigènes. La répression particu-
lière dont ils sont l'objet, n'est pour eux, ainsi que nous l'avons
déjà exposé au commencement de cette étude, qu'une attribution
naturelle du commandement, un des corollaires du principe d'autorité sur lequel repose essentiellement la société arabe.

D'ailleurs, ils n'ont pas la notion de la distinction des pouvoirs.
Ils ne comprennent pas que celui qui est à la tête de l'administration ne puisse pas en même temps prononcer une condamnation ;
mais on doit reconnaître que l'introduction dans la colonie des
institutions civiles a eu pour but de faire sentir aux populations
indigènes les bienfaits d'une administration moins rigoureuse que
celle du régime militaire. Ainsi que l'a fait observer M. Jacques,
l'honorable rapporteur de la loi au Sénat, en passant du territoire
militaire dans le territoire civil, les Arabes acquièrent une situation plus favorable. Tandis que sur le territoire militaire ils peuvent
être condamnés jusqu'à deux mois de prison et 300 francs d'amende,
ils n'encourent, sur le territoire civil que des peines de simple
police. On conçoit, en effet, qu'en territoire militaire, là où les
institutions civiles n'ont pas encore pénétré, où subsiste, plus ou
moins, l'état de guerre, il faille donner aux représentants de l'autorité militaire des pouvoirs très étendus. Ce régime spécial résulte
de nécessités de fait, et il doit durer autant que ces nécessités
elles-mêmes. Mais l'exercice de pouvoirs analogues a quelque
chose de peu compatible avec le régime civil. Il serait donc préfé-
rable de consacrer en matière d'indigénat l'unité de juridiction, et
de donner aux juges de paix la connaissance des infractions commises dans les communes mixtes de leur canton. Il y a, en effet,
dans le système des décrets de 1874 une sorte de tempérament à la
rigueur des dispositions du code de l'indigénat. Le débat oral, le
grand jour de l'audience, l'indépendance du magistrat, le droit de
défense reconnu, le contrôle de l'opinion publique, celui de l'autorité judiciaire, sont autant de garanties contre la sévérité des règlements. Ces avantages, il faut bien le dire, ne se rencontrent pas au
même degré dans les attributions disciplinaires des administra-

teurs qui peuvent être enclins à abuser, pour le maintien de leur autorité, des pouvoirs dont ils sont investis.

En vain on prétend que l'organisation judiciaire de l'Algérie n'est pas encore assez complète, et qu'il n'y a pas dans la colonie assez de juges de paix et de tribunaux de première instance. Depuis la loi de 1881 l'administration de la justice a pris un grand développement. Le nombre des tribunaux de première instance a été augmenté ; plus de vingt-cinq justices de paix nouvelles ont été créées, et beaucoup de juges de paix ont reçu pour auxiliaires des suppléants rétribués.

Ces diverses créations qui permettent de rendre la justice plus expéditive ont fait disparaître, en grande partie, l'inconvénient que présentait l'éloignement des justiciables et suffisent pour assurer la bonne administration de la justice dans les contrées annexées au territoire civil.

Le rapporteur de la loi de 1881 s'exprimait ainsi :

« A l'expiration de la période de sept ans, il y aura lieu d'examiner si le progrès des institutions civiles permet de renoncer à des dispositions exceptionnelles ; mais, il semble qu'il appartient à la haute administration de la justice de faciliter le retour au droit commun par une organisation des justices de paix et des tribunaux de première instance qui suffise à tous les besoins. » Ce vœu a été largement comblé, et cette organisation est aujourd'hui assez développée pour rendre inutile l'exercice du pouvoir disciplinaire par les administrateurs.

En prorogeant pour deux ans seulement, par la loi du 27 juin 1888, les pouvoirs de ces fonctionnaires, le Parlement a déjà manifesté le désir de faire disparaître l'anomalie qui consiste à remettre aux mêmes mains l'administration et la justice. Avant le 27 juin 1890, la question de l'indigénat sera posée de nouveau à nos assemblées législatives qui auront à examiner définitivement s'il convient de conserver aux administrateurs le droit de répression qui leur a été conféré.

Assurément, une grande amélioration a déjà été introduite dans le régime disciplinaire par la loi du 27 juin dernier. Le nombre des infractions punissables a été considérablement réduit, mais tels qu'ils subsistent, ces pouvoirs, qu'on n'a pas craint de qualifier de monstruosité juridique, seront toujours considérés par l'opinion publique comme une exception énorme et donneront lieu, sans doute, à de nouvelles et vives discussions.

Indépendamment de la confusion des pouvoirs, les reproches qu'on

fait à la loi de 1881 sont : le vague de certaines dispositions, grâce
auquel l'administrateur est maître d'abuser, aussi souvent qu'il le
voudra, du droit de punir; l'absence d'un contrôle suffisant, malgré
l'envoi qui doit être fait chaque semaine au gouverneur général de
l'extrait certifié conforme du registre sur lequel ont été inscrites
les condamnations prononcées; enfin, le défaut de consécration du
droit de recours de l'indigène condamné. Quels que soient le bon
vouloir et l'esprit de justice d'un administrateur, il n'en est pas
moins certain qu'il peut se tromper; mais lorsque son erreur est
reconnue, il est souvent trop tard. Il serait donc équitable de
donner aux indigènes poursuivis en vertu de la loi sur l'indigénat,
les mêmes garanties qu'a tout individu traduit pour une contra-
vention de droit commun devant le tribunal de simple police.

Une des dispositions qui sont le plus vivement critiquées est celle
qui est relative aux actes irrespectueux, ou propos offensants, à
l'égard d'un agent de l'autorité, même en dehors de l'exercice de
ses fonctions. Il n'est pas, a-t-on dit, un indigène, qu'avec un
pareil article un administrateur ne puisse faire emprisonner quand
il le voudra. Cette disposition a été maintenue dans la loi de 1888,
malgré l'avis du conseil du gouvernement qui reconnaissait qu'elle
était de nature à légitimer trop souvent des abus de pouvoir et,
pour cela même, en avait demandé la suppression.

La preuve de certaines infractions est aussi difficile à établir,
notamment en ce qui concerne le paiement de l'impôt et la dissi-
mulation de la matière imposable, étant donnés, l'état d'indivision
qui règne en pays arabe, et les déclarations faites quelquefois à
la légère par les gardes champêtres, ou d'autres indigènes.

Signalons, avant de terminer cette étude, une conséquence inex-
plicable de la loi du 27 juin 1888 qui, en réduisant le nombre des
infractions dont peuvent connaître les administrateurs, a créé un
régime différent pour les indigènes des communes mixtes, et ceux
des communes de plein exercice. Les premiers sont, en effet, régis
par la loi nouvelle; les autres, sont encore placés sous l'empire
des arrêtés préfectoraux qui visent un plus grand nombre d'infractions.

Il eût été rationnel de faire bénéficier les indigènes des communes de plein exercice des allégements apportés par la loi de
1888. Le maintien à leur égard, d'un régime plus rigoureux, s'explique d'autant moins que, si le besoin de certaines mesures d'exception se fait particulièrement sentir, c'est dans les communes

mixtes formées de territoires plus récemment retirés à l'autorité militaire.

C'est par suite d'un oubli que la loi du 27 juin 1888 n'a pas étendu aux communes de plein exercice le bienfait des réformes qu'elle a introduites dans les attributions disciplinaires des administrateurs. Il y a lieu d'espérer que, dans la pratique, les juges de paix chargés d'infliger la peine sauront faire un usage aussi modéré que possible des pouvoirs que leur donne, en matière d'indigénat, le décret de 1874.

Dans tous les cas, il y a là une situation qui s'imposera nécessairement à l'attention du législateur quand cette question sera de nouveau soumise à l'examen du Parlement.

Les améliorations apportées au régime disciplinaire de l'Algérie constituent une première étape dans la voie du progrès. On a parlé d'assimiler, autant que possible, l'indigène à l'Européen. Cette assimilation réclamée par quelques esprits plus généreux que clairvoyants est peut-être bien difficile à réaliser. La fusion complète entre les deux races a été jusqu'ici considérée comme impossible, et elle sera difficile à obtenir tant que ces populations resteront réfractaires à notre civilisation ; mais nos efforts doivent tendre à modifier les mœurs et les habitudes des Arabes. Si la suppression pure et simple du régime disciplinaire et l'adoption du droit commun semblent prématurées, essayons du moins de consacrer en cette matière l'unité de juridiction. Par les bienfaits de notre législation dont les Arabes apprécient, depuis longtemps déjà, les avantages, on pourra, avec le temps, obtenir l'amélioration de la race conquise.

PARIS. — IMP. C. MARPON ET E. FLAMMARION, RUE RACINE, 26.

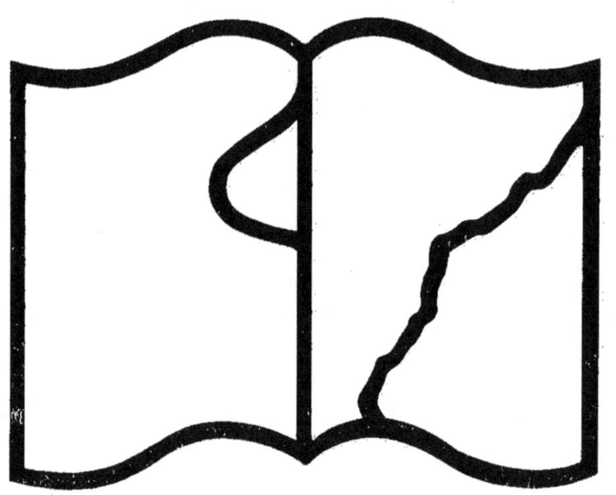

Texte détérioré — reliure défectueuse

NF Z 43-120-11

Contraste insuffisant

NF Z 43-120-14

www.ingramcontent.com/pod-product-compliance
Lightning Source LLC
LaVergne TN
LVHW050350030726
842520LV00005B/2026